Inhalt

2 In der Schule
7 Im Herbst
12 **Bist du fit?**

14 Miteinander leben
18 Märchenzeit
22 **Bist du fit?**

24 Im Winter
28 Das tut mir gut
32 **Bist du fit?**

34 Im Frühling
38 Mit Tieren leben
42 **Bist du fit?**

44 Bei uns und anderswo
48 In der Bibliothek
52 **Bist du fit?**

54 Unheimliches und Spannendes
58 Im Sommer
62 **Bist du fit?**

64 Schreibübungen

In der Schule

Namen für Menschen, Pflanzen, Tiere und Dinge

Abc **1** Was siehst du?
Sprich die Wörter deutlich
und schreibe die Namen darunter!

Puppe

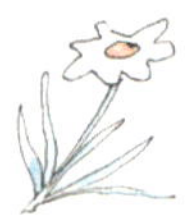

2 Ordne die Wörter! Markiere den großen Anfangsbuchstaben!

Menschen	Tiere	Pflanzen	Dinge
			Puppe

3 Finde die Namenwörter (Substantive) und unterstreiche sie!
Übertrage den großen Anfangsbuchstaben und lies die Botschaft!

SOFA • WIESO • UHU • PFLANZE • SO • ELEFANT • UND • REGAL • GRAS
OFT • ESEL • MAUS • NUN • AUTO • COMPUTER • HEFT • GEGEN • TISCH

												!

★ Schreibe deine Lieblingsnamen auf!
Sortiere nach Namen für Jungen und Mädchen.

Die Begleiter

In der Turnhalle

Alle haben jetzt Sport. Die Stunde beginnt mit einem Spiel. Max fehlt noch. Er sucht seine Hose und das Hemd. Jonas wirft Selina den Ball zu. Sie trifft nicht den Korb, sondern das Fenster. Nichts passiert! Der Junge bringt den Ball, es geht weiter.

1 Ordne die unterstrichenen Namenwörter (Substantive) in die Tabelle ein!

der	**die**	**das**

2 Wie muss es heißen: **ein** oder **eine**?
Schreibe die Namenwörter (Substantive) aus der Tabelle mit dem unbestimmten Begleiter (Artikel) auf!

3 Unterstreiche die Namenwörter (Substantive)!

BUCH • JETZT • KREIDE • KINO • WO
ELEFANT • BRILLE • FILM • IMMER

★ Suche im Wörterverzeichnis deinen Lieblingsbuchstaben!
Wähle Namenwörter (Substantive) aus und schreibe sie mit bestimmten und unbestimmten Begleitern (Artikeln) auf!

Das Abc

1 Ergänze die fehlenden Buchstaben in jeder Abc-Gruppe!

C					N				A					T			W				J		

2 Ordne die Wortkarten nach dem Abc!
Schreibe die Namenwörter (Substantive)
mit dem Begleiter (Artikel) auf!

REGAL	DACH	BUCH	MELONE	HEFT	SONNE	KIND	ESEL
		1.					

1 ______________________ 5 ______________________

2 ______________________ 6 ______________________

3 ______________________ 7 ______________________

4 ______________________ 8 ______________________

3 Ordne die Wörter nach dem Abc und schreibe die Sätze auf!

4 1 3 2
Gras – der – frisst – Elefant

um – Willi – trifft – Selina – vier

mit – Nele – läuft – Karl

einen – dressiert – Frosch – Clara

★ Finde solche Sätze wie in Aufgabe 3!

A B C D E F G H I J K L M N O P Q R S T U V W X Y Z

Laute und Buchstaben

1 Ergänze die fehlenden Buchstaben im Abc!
Markiere die Selbstlaute rot und die Mitlaute grün!

A a		C c		E e		G g		I i
	K k		M m		O o		Qu qu	
S s		U u		W w		Y y		

2 Setze die fehlenden Selbstlaute ein!

das K_nd — die Pfl_nz_ — der _l_f_nt
der St_ft — das S_f_ — die L_hr_r_n
das H_ft — die Bl_m_ — der C_mp_t_r

3 Verändere den Selbstlaut und bilde neue Wörter!

die Wand → i → der
die Nudel → a →
der Mund → o →
das Gold → e →
der Berg → u →

4 Welche Zwielaute hörst du? Trage diese in die blauen Kästen ein!

S ei f e

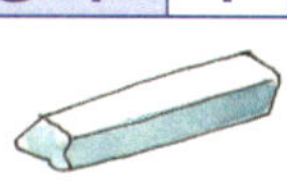

★ Sammle Wörter mit zwei gleichen Selbstlauten!
der Anfang, …

Silben und Wörter

1 Im Silbenrätsel haben sich Dinge aus der Federtasche versteckt.
Finde sie und schreibe diese heraus!

~~Spit~~	Ra	Sche	Bunt	Fül	Li
stif	dier	ber	~~zer~~	ne	re
al	te	gum	Kle	mi	ler

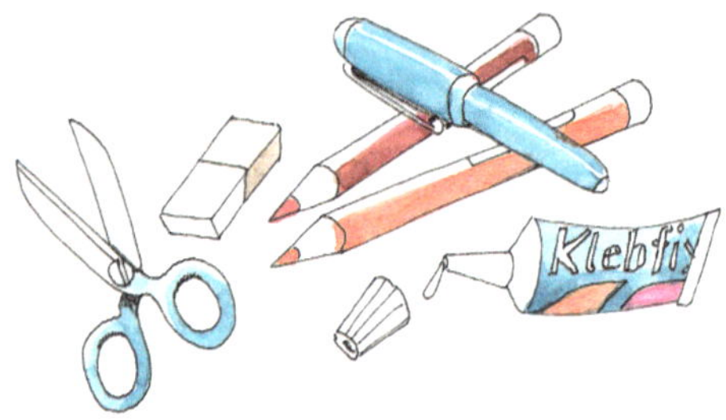

zwei Silben: Spitzer
(vier Wörter)

drei Silben:
(zwei Wörter)

vier Silben:
(ein Wort)

2 Setze bei den Wörtern in Aufgabe 1 Silbenbögen!

3 Alle Lösungswörter haben vier Silben.
Setze sie richtig zusammen und schreibe die Wörter
mit Begleiter (Artikel) auf!
Markiere in jeder Silbe den Selbstlaut!

DER – TA – SCHE – FE

LI – NA – MO – DE

STEI – HOLZ – BAU – NE

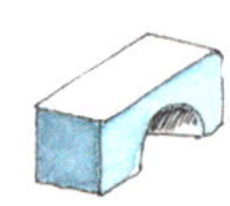

WÜR – RE – MER – GEN

DE – KO – LA – SCHO

FEL – KREI – DE – TA

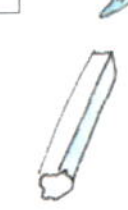

★ Gestalte ein Silbenrätsel für deine Mitschüler!

Im Herbst

Einzahl und Mehrzahl

1 In jeder Reihe stecken zwei Namenwörter (Substantive) in der Einzahl. Markiere sie!

A	P	F	E	L	J	M	E	S	S	E	R
G	U	R	K	E	X	E	I	C	H	E	L
I	V	N	U	S	S	Q	A	U	T	O	X
N	S	A	L	A	T	W	K	I	N	D	R
B	R	E	T	T	K	V	O	G	E	L	P

2 Trage diese Wörter in die Tabelle ein und bilde die Mehrzahl!

Einzahl	Mehrzahl
der Apfel	die Äpfel

3 Was verändert sich in der Mehrzahl? Unterstreiche!

★ Kennst du Namenwörter (Substantive), die es nur in der Einzahl gibt?
das Obst, der Hunger, die Milch, …

Wie etwas ist

1 Schreibe Sätze und Wortgruppen!

Apfel · reif · Blatt · rot · Drachen · lustig · Baum · groß · Wind · stark · Gras · nass

Der Apfel ist reif. | der reife Apfel

2 Was verändert sich bei den Eigenschaftswörtern (Adjektiven)? Unterstreiche!

3 Setze die Eigenschaftswörter (Adjektive) in der richtigen Form ein!

Heute weht ein ______ Wind. Die ______ Blätter wirbeln durch die ______ Luft. Die Kinder freuen sich ______ und laufen ______ auf das ______ Feld. Dort lassen sie ihre ______ Drachen steigen.

frisch • bunt • kalt • riesig • schnell • frei • lustig

★ Welche Farben hat der Herbst? Schreibe einen kleinen Text dazu!

Rätsel

1 Unterstreiche im Rätsel die Eigenschaftswörter (Adjektive) und löse es!

Sie ist rund und glatt.
Sie ist braun und hat einen hellen Fleck.
Wenn sie reif ist, springt sie aus ihrer stacheligen Schale.

Es ist ______________________.

2 Wähle einen Gegenstand aus und schreibe mindestens zwei Sätze! Verwende möglichst treffende Eigenschaftswörter (Adjektive)!

____

____

____

3 Markiere Gegensätze mit der gleichen Farbe!

groß	rund	dick	hell	leicht	hart
sauer	weich	rau	dünn	eckig	schwarz
weiß	dunkel	süß	klein	schwer	glatt

★ Denke dir ein kleines Herbsträtsel aus und stelle es deinen Mitschülern vor!

Fragen und Antworten

1 Lies und setze die richtigen Satzzeichen!

Was fressen Eichhörnchen ☐

Ihre Feinde sind Greifvögel und Marder ☐

Sie fressen Eicheln, Nüsse und Samen von Zapfen ☐

Das Nest heißt Kobel ☐

Woran erkennt man sie ☐

Eichhörnchen leben in Parks und Wäldern ☐

Wo leben sie ☐

Sie haben ein rotbraunes Fell und buschige Ohren ☐

Wie heißt das Nest ☐

2 Markiere die passenden Fragen und Antworten in der gleichen Farbe!

3 Schreibe drei Fragen aus Aufgabe 1 und die passenden Antworten auf! Denke an das Satzzeichen am Ende.

★ Schreibe einen kleinen Text über das Eichhörnchen!

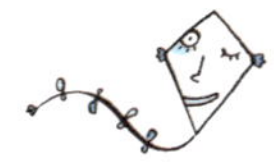

Ähnlich klingende Mitlaute

1 Sprich die Wörter deutlich! Achte auf den Anlaut und schreibe die Namenwörter (Substantive) auf!

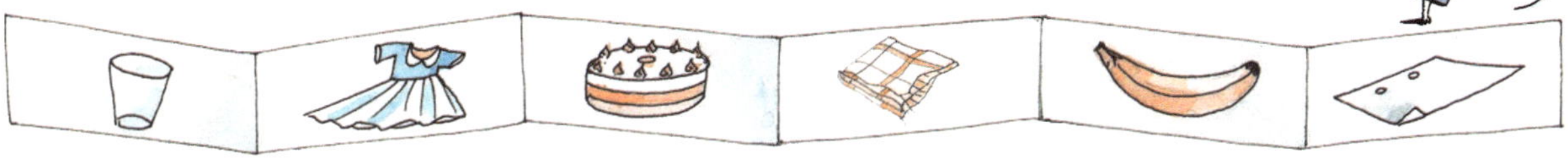

Glas

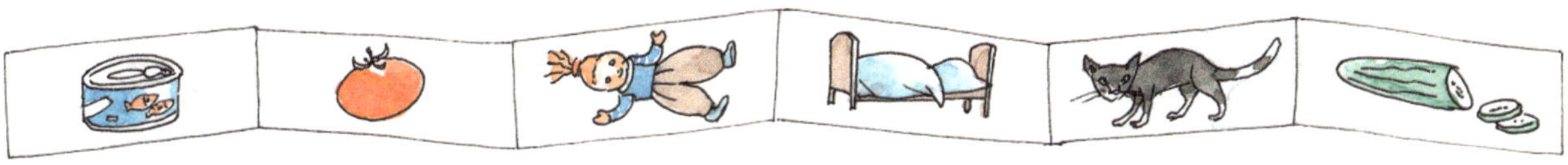

Umlaute

2 Bilde die Mehrzahl und unterstreiche die Umlaute!

das Dorf

die Nuss

der Baum

das Blatt

die Frucht

der Garten

3 Unterstreiche die Fehler!

In den Gerten fallen die Bletter von den Beumen.

4 Schreibe den Satz richtig auf!

★ Suche die Wörter **Ärztin**, **Bäcker** und **Schüler** im Wörterbuch! Welche Wörter stehen direkt davor?

Bist du fit?

Drachenfest

Seit einigen Wochen sind wir wieder in der Schule.
Alle haben lustige, bunte Drachen gebaut.
Heute ist unser großes Drachenfest.
Die Kinder und ihre Gäste treffen sich auf dem freien Feld.
Dort sollen die Drachen im frischen Wind steigen.

1 Unterstreiche im Text alle Namenwörter (Substantive) blau und alle Eigenschaftswörter (Adjektive) grün!

2 Ordne die Namenwörter (Substantive) nach dem Abc!

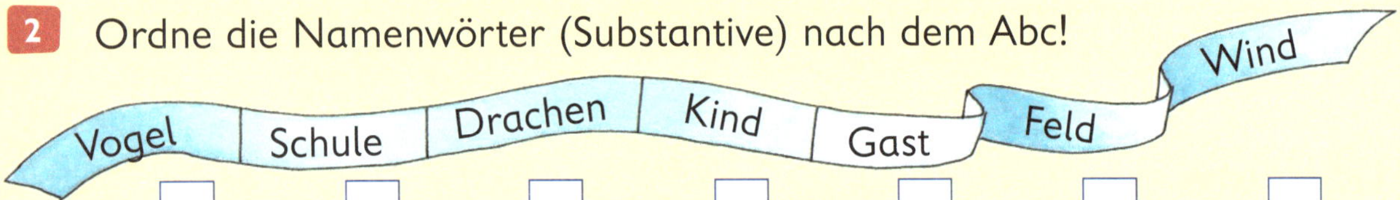

3 Schreibe die Namenwörter (Substantive) mit dem Begleiter (Artikel) auf!

4 Schreibe die Namenwörter (Substantive) in der Einzahl und Mehrzahl mit Begleiter (Artikel)! Markiere, was sich verändert!

5 Ergänze die Sätze und schreibe weiter! Achte auf die Satzzeichen!

Alle Drachen fliegen am ______

Warum fliegt ______ von Felix nicht

Seine ______ Schnur hat sich verknotet Wie geht es weiter

______

______

der Drachen • lang • blauer Himmel

6 Bilde Wortgruppen oder Sätze! Markiere die Zwielaute!

reif Pflaume ______

heiß Feuer ______

gelb Birne ______

süß Weintrauben ______

7 Beschreibe einen Apfel! Die Wörter können dir dabei helfen.

______

______

______

______

______

______

Miteinander leben

Was wir tun

1 Was kann die Familie gemeinsam tun? Schreibe auf:

Die Familie kann gemeinsam ________, ________, ________, ________ und ________.

2 In jedem Geschenk stecken zwei Tätigkeitswörter (Verben). Streiche die Wörter durch, die keine Tätigkeiten bezeichnen!

3 Lies die Tätigkeitswörter (Verben) genau! Ordne sie in der Tabelle!

spielen • fressen • einkaufen
rechnen • lesen • schlafen
wachsen • saufen

Menschen und Tiere können …	Menschen können …	Tiere können …

★ Was machst du gern? Schreibe einige Tätigkeitswörter (Verben) auf! Finde heraus, wie diese in anderen Sprachen heißen!

SF S.32

Geburtstag feiern

1 Immer eine Grundform (Nennform) und eine gebeugte Form (Personalform) gehören zusammen. Verbinde diese!

lesen | spielen | geben | gehen | laufen | fallen | lachen

ich spiele | du läufst | du liest | er fällt | er geht | ich lache | ihr gebt

2 Setze die richtige gebeugte Form (Personalform) ein!

Anne ______ ihren Geburtstag.

Alle ______ über Papas Witze.

Ich ______ den Kuchen auf den Tisch.

Peter ______ Julia eine Kinokarte.

Felix ______ Tischschmuck.

schenken | lachen | feiern | basteln | stellen

3 Schreibe Julias Merkzettel richtig auf!

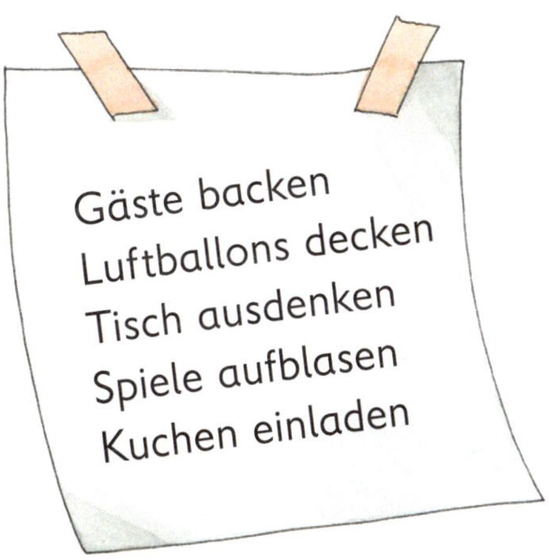

★ Wen möchtest du zu deinem Geburtstag einladen?
Schreibe eine Einladung!

Wortstamm und Endung

1 Immer vier Tätigkeitswörter (Verben) haben den gleichen Wortstamm. Kennzeichne sie mit verschiedenen Farben!

decken	ich hole	ihr stellt	du rufst
du stellst	ihr ruft	holen	sie deckt
ich stelle	ihr deckt	er holt	rufen
ihr holt	stellen	du deckst	ich rufe

2 Schreibe alle Möglichkeiten auf!
Unterstreiche Wortstamm und Endung verschieden!

spiel- -e -st -en -t

ich ______ du ______ er ______

wir ______ ihr ______ sie (alle) ______

3 Setze die richtige Form von **spielen** ein!
Markiere den Wortstamm!

Felix ______ mit seinem Hund im Garten. Selina und Julia ______ Verstecken. „Warum ______ du nicht mit?“, fragt Selina. „Ich ______ lieber mit Bello“, meint Felix. Vater fragt: „Warum ______ ihr nicht gemeinsam?“

„Los, jetzt ______ wir alle!“, ruft Julia.

☆ Suche im Wörterverzeichnis Tätigkeitswörter (Verben), in denen sich der Wortstamm ändert!
dürfen – du darfst, …

Wörter verlängern

1 Verlängere und ergänze dann den fehlenden Buchstaben!

  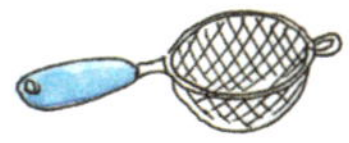   

der Ber __ der Zwer __ das Sie __ der Zu __ der Kor __ die Bur __

2 Finde Reimwörter!

 ihr gebt – geben

ihr klebt – kleben

 er bleibt – bleiben

____

 ihr liegt – liegen

____

 er sagt – sagen

____

3 **b** oder **g**? Ergänze die Lücken und trage die Wörter in den Text ein!

We __ • Bur __ • lie __ t • Ber __ • gi __ t • Kor __
blei __ en • zei __ t • Fra __ en • schrei __ t • Ta __

Die Kinder wandern den ____ entlang zur ____.
Diese ____ auf einem ____. Zur Begrüßung
____ es Äpfel aus einem ____. Danach ____
alle im Burghof. Der Burgherr ____ viele alte Dinge und
beantwortet die ____ der Kinder. Wieder zu Hause
____ Selina in ihr Tagebuch: „Das war ein schöner ____."

★ Wie findet man heraus, wie die Wörter richtig geschrieben werden: *zeikt* oder *zeigt*, *Dieb* oder *Diep*? Formuliere einen Rechtschreibtipp!

Märchenzeit

Kennst du Märchen?

1 Was gehört zusammen? Verbinde es!

Schneewittchen

Der Wolf und die sieben Geißlein

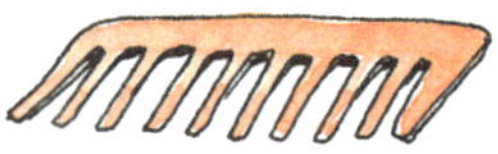

Rumpelstilzchen

Rotkäppchen

Aschenputtel

Frau Holle

2 Setze die richtigen Satzzeichen! Schreibe den Namen des Märchens auf!

Was gibst du mir, wenn ich
das Stroh zu Gold spinne

Spieglein, Spieglein an
der Wand, wer ist die Schönste
im ganzen Land

Da kamen zwei
weiße Täubchen herein

Kikeriki, unsere goldene
Jungfrau ist wieder hie

Die alte Großmutter wohnte
draußen im dunklen Wald

★ Welche Märchensprüche kennst du? Schreibe auf!

Märchen-Steckbriefe

1 Um welche Märchenfigur geht es hier?

2 Wähle eine Märchenfigur aus und schreibe einen Steckbrief!

Name:

Aussehen: weiß wie Schnee, rot wie Blut,
schwarz wie Ebenholz
Wohnort: Haus hinter den sieben Bergen
Beruf: Prinzessin
Besonderheit: die Schönste im ganzen Land

Name:

Aussehen:

Wohnort:

Beruf:

Besonderheit:

★ Welches ist dein Lieblingsmärchen? Begründe!

Aufforderungen

1 Finde treffende Eigenschaftswörter (Adjektive) zu jeder Figur!

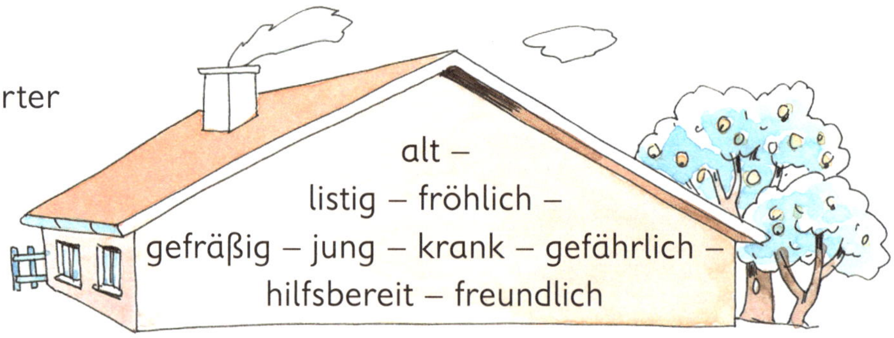

Rotkäppchen	**Großmutter**	**Wolf**

2 Was befiehlt der Wolf? Ergänze!

______ die Tür zu

______ herein, liebes Kind

______ näher an mein Bett

______ mir den Korb

3 Wozu hat die Mutter Rotkäppchen aufgefordert?

Großmutter besuchen ______

ihr Kuchen und Wein bringen ______

auf den Weg achten ______

nicht mit Fremden sprechen ______

★ Welche Ratschläge würdest du Rotkäppchen geben?

Vor vielen Jahren

1 Setze **d** oder **t** ein!

Der Rat des Königs

Prinz Willibald wollte nicht heiraten. Nach langer **Zei** ___ strich sich der alte König seinen **Bar** ___ und sprach weise: „Lieber Sohn, ich vererbe dir das **Lan** ___, wenn du die Prinzessin aus dem Königreich hinter dem **Wal** ___ zur **Brau** ___ nimmst. Sie hat viel **Gel** ___, wohnt in einem **Palas** ___ und wünscht sich ein **Kin** ___. Oft geht sie in einem rosa **Klei** ___ mit ihrem **Hun** ___ spazieren. Bitte sie um ihre **Han** ___!“

2 Schreibe die fett gedruckten Wörter mit Begleiter (Artikel) auf!

3 Bei den Zwergen ist alles klein.
Schreibe so:

das Buch	das Büchlein,
der Stuhl	
der Kuchen	
der Teller	
die Hand	
das Kind	
der Hund	
der Bach	
der Korb	

★ Welche Tiere werden mit **-chen** oder **-lein** klein?
das Äffchen, …

Bist du fit?

Geburtstag

In dieser Woche _____ die Familie Julias Geburtstag. Auf dem Merkzettel _____ alle wichtigen Dinge. Julia _____ Einladungen für ihre Freunde. Moritz und Mama _____ Tischschmuck. Oma Rosi _____ Julias Lieblingskuchen. Papa _____ Saft und Kekse.

feiern
stehen
schreiben
basteln
backen
kaufen

1 Lies den Text und setze die Tätigkeitswörter (Verben) in der richtigen gebeugten Form (Personalform) ein!

2 Wähle ein Tätigkeitswort (Verb) aus dem Text. Schreibe alle gebeugten Formen (Personalformen) auf!

ich _____, du _____, er _____

wir _____, ihr _____, sie (alle) _____

3 Unterstreiche in Aufgabe 2 immer Wortstamm und Endung verschieden!

4 Markiere die fünf Fehler und schreibe die Wörter richtig auf!

Abc Rotkäppchen ~~brinkt~~ der Großmutter an einem schönen Tak Wein und Kuchen. bringt _____

In der Hant träkt es ein Körbchen. _____

Im Walt trifft es den Wolf und fragt nach dem Wek. _____

5 Julias Mama bereitet die Geburtstagsfeier vor. Dabei braucht sie Hilfe von Papa, Oma und Moritz. Wozu könnte sie auffordern? Bilde Sätze!

Bringe bitte Saft und Kekse mit!

Saft und Kekse mitbringen

für die Freunde Einladungen schreiben

einen leckeren Kuchen backen

den Tisch decken

6 Schreibe zusammenhängend auf, wie du deinen nächsten Geburtstag vorbereitest!

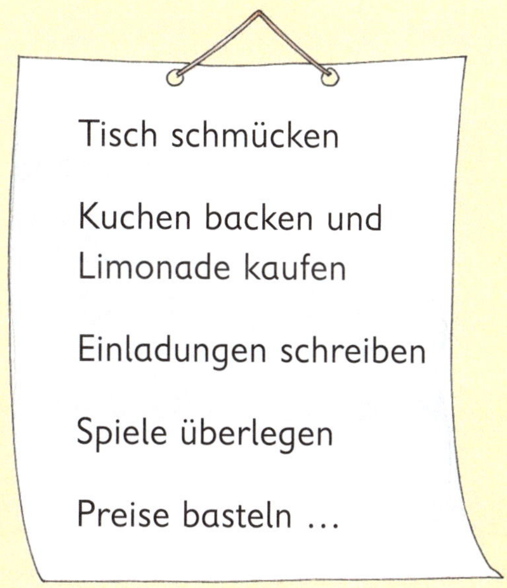

Im Winter

Wortarten üben

1 Ordne die Wörter in die Tabelle ein!

~~der Vogel~~ • weiß • sie fliegen • wir füttern • die Flocke • lustig
der Schnee • es schneit • kalt • rund • sie friert • der Winter

Namenwörter (Substantive)	Tätigkeitswörter (Verben)	Eigenschaftswörter (Adjektive)
der Vogel		

2 Schreibe die Sätze richtig auf! Achte auf Satzanfänge und Satzzeichen!

felix baut einen großen schneemann
er trägt eine rote möhre im gesicht
auf dem runden kopf sitzt ein alter hut
sieht er nicht lustig aus

★ Wähle einen Buchstaben aus. Schreibe einen lustigen Satz mit Namenwort (Substantiv), Eigenschaftswort (Adjektiv) und Tätigkeitswort (Verb)!
Bunte Buchstaben backen Brot. ...

SF S.52

Wörter zusammensetzen

1 Bilde zusammengesetzte Namenwörter (Substantive) und schreibe sie mit dem Begleiter (Artikel) auf!

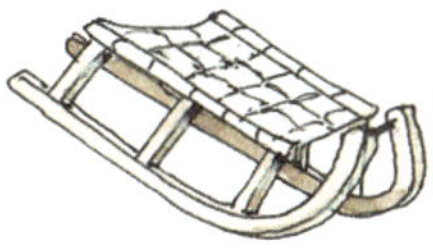

Fahrt
Bahn
Hund

Winter
Gummi
Leder

2 Wie heißen die Zusammensetzungen?
Erkläre deinem Nachbarn, was die Wörter bedeuten!

die Milch die Kuh — *die Milchkuh, die Kuhmilch*

das Schloss die Tür

die Reise der Bus

der Finger der Ring

3 Finde in jedem Wortband zwei Zusammensetzungen! Schreibe so:

Märchenbuchseite — *das Märchenbuch, die Buchseite*

Schneeballspiel | Vogelfutterstelle | Winterferienspaß

★ Gestalte für deine Mitschüler Bilderrätsel! So:

Wortfamilien

1 Welche Wörter gehören zu einer Familie? Kennzeichne sie so:

die Zahl	fliegen	er rollt	gebaut
zahllos	die Rolle	geflogen	bauen
die Fliege	baufällig	zählen	gerollt
rollen	gezählt	der Bau	ich fliege

2 Schreibe eine Wortfamilie heraus und unterstreiche den Wortstamm!

3 Bilde möglichst viele Wörter mit dem Wortstamm **fahr**!

ge-
vor-
be-
ab-

-los
-en
-t
-bar

4 Jeweils ein Wort in jeder Zeile gehört nicht zur Familie.
Streiche es durch!

das Futter	gefüttert	furchtbar	die Futterstelle	ich füttere
gefahrlos	der Gefallen	ich fuhr	der Fahrplan	fahren
die Gefahr	die Fehler	gefehlt	es fehlt	der Fehler
backen	ich backe	der Bäcker	gebacken	das Paket

★ Suche Wörter mit gleichem Wortstamm zu **schenken**, **malen**, **schmücken**!

Lange und kurze Selbstlaute

1 Sprich die Wortpaare besonders deutlich!
Kennzeichne die Selbstlaute so: lang (_) / kurz (.)!

das Brot • der Topf   die Hütte • die Hüte   der Riese • der Ring

das Schiff • schief   schnell • schwer   planen • kalt

2 Klingt der erste Selbstlaut kurz oder lang? Entscheide:

	kurz	lang
	der Ball	der Wal

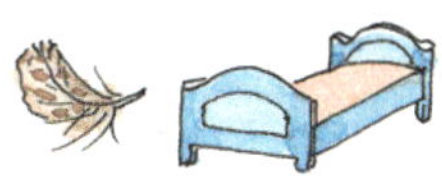		

3 Was gehört zusammen? Verbinde! Unterstreiche den Wortstamm!

sticken	sie packt	sticken – er stickt
stecken	er stickt	
packen	er bäckt	
backen	sie steckt	

4 Hier sind zwei Wörter durcheinandergeraten. Schreibe sie richtig auf!

ket   Ge   chen   burts   tags   Weih   nachts   pa   päck

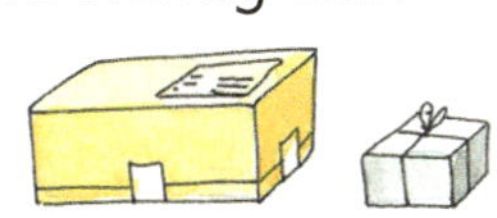

★ Sammle Namen mit kurzem oder langem Selbstlaut und ordne sie!

Das tut mir gut

Was Freunde machen

1 Unterstreiche alle Wörter mit dem Wortstamm **freund**!
Schreibe sie heraus und markiere den Wortstamm!

Freunde
In der Klasse 2b sind viele Kinder miteinander befreundet. Die meisten Schüler haben einen Freund oder eine Freundin. Freundschaft ist etwas ganz Besonderes, meint unsere Lehrerin. Manchmal gibt es Streit, aber schnell sind alle wieder nett und freundlich zueinander.

Freunde

Abc **2** Schreibe zu den Bildern eine kleine Geschichte!

★ Stelle Freunde-Regeln auf!

SF S.62

Briefe schreiben

1 Setze den Brief in der richtigen Reihenfolge zusammen und schreibe ihn auf!

Liebe Anna, | Morgen laufen wir wieder gemeinsam nach Hause.

Viele Grüße | Katja | entschuldige, es tut mir leid. | Gera, 21. April 20…

Ich wollte dich nicht stehen lassen.

Ort, Datum:

Anrede:

Was Katja mitteilt:

Grüße:

Unterschrift:

Abc **2** Finde die Fehler in den fünf Wörtern!
Schlage im Wörterbuch nach und berichtige sie!

Lieber herr Keller,

wir dangen Ihnen für die schöne

Wanderung im Walt. Unser

Wandertag war ein toles Erlebnis.

Viele Grüse von der Klasse 2 b

☆ Schreibe einen Brief an einen lieben Menschen!

Wörter mit St/st und Sp/sp am Wortanfang

1 Suche Wörter mit **St/st** und **Sp/sp** und ordne so:

S	T	A	D	T	F	E	S	P	O	R	T	W
X	Z	S	T	E	R	N	M	S	P	I	T	Z
S	P	Ä	T	G	S	T	A	R	T	E	F	J
F	S	T	I	L	L	M	S	P	I	E	L	A

Namenwörter (Substantive) (5):

Stadt

Eigenschaftswörter (Adjektive) (3):

2 Setze passende Silben zusammen!

ste spie spa spit sprin ste

ren zen hen cken len gen

3 Suche dir ein Tätigkeitswort (Verb) von Aufgabe 2 aus. Schreibe alle gebeugten Formen (Personalformen) auf!

4 Bilde zusammengesetzte Namenwörter (Substantive)!

Stadt Spiel

? < Platz / Feld

? < Fest / Plan

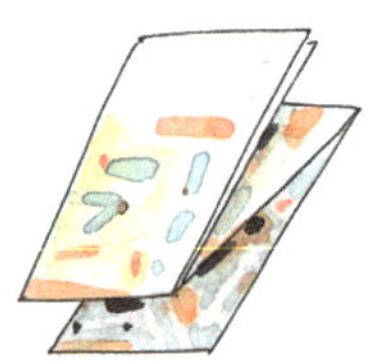

★ Bilde Schlangenwörter mit **St** oder **Sp**! *Spiel, Spielzeug, Spielzeugladen …*

Wörter mit ch und sch

1 Was siehst du? Sprich die Wörter deutlich und sortiere so:

Wörter mit ch | **Wörter mit sch**

2 Schreibe Wortgruppen!

grün, leer, ~~lustig~~
schuppig, dick, lecker

Fisch, ~~Mädchen~~, Frosch,
Kuchen, Buch, Flasche

ein lustiges Mädchen,

3 Ordne diese Wörter nach dem Abc:

euch
sich
dich
ich
mich

★ Schreibe eine Geschichte mit drei Wortgruppen aus Aufgabe 2!

Bist du fit?

Winterurlaub

Felix und Selina waren in diesem Jahr in den Bergen zum Wintersport. Wenn das Winterwetter schön war, tobten sie im Schnee oder fuhren mit ihren schnellen Schlitten um die Wette. Bei starkem Wind konnten beide nicht mit dem Lift fahren. Dann wanderten sie durch die weiße Winterlandschaft. Die nächsten Winterferien wollen Felix und Selina wieder im Schnee verbringen.

1 Finde im Text:

zwei Namenwörter (Substantive):

zwei Tätigkeitswörter (Verben):

zwei Eigenschaftswörter (Adjektive):

2 Klingt der fettgedruckte Selbstlaut kurz oder lang?
Kennzeichne so: lang (_) / kurz (.)!

das J**a**hr • wir w**o**llen • der Sk**i** • der N**e**bel

der Schl**i**tten • wir f**u**hren • schn**e**ll

3 Unterstreiche im Text alle zusammengesetzten Namenwörter (Substantive)!

4 Bilde drei zusammengesetzte Namenwörter (Substantive) mit **Schnee**!

5 Ordne die Wortfamilien und ergänze weitere Wörter!

du spielst – gelacht –
gewünscht – das Lächeln – spielerisch
er wünscht – lächerlich – der Spieler – wunschlos

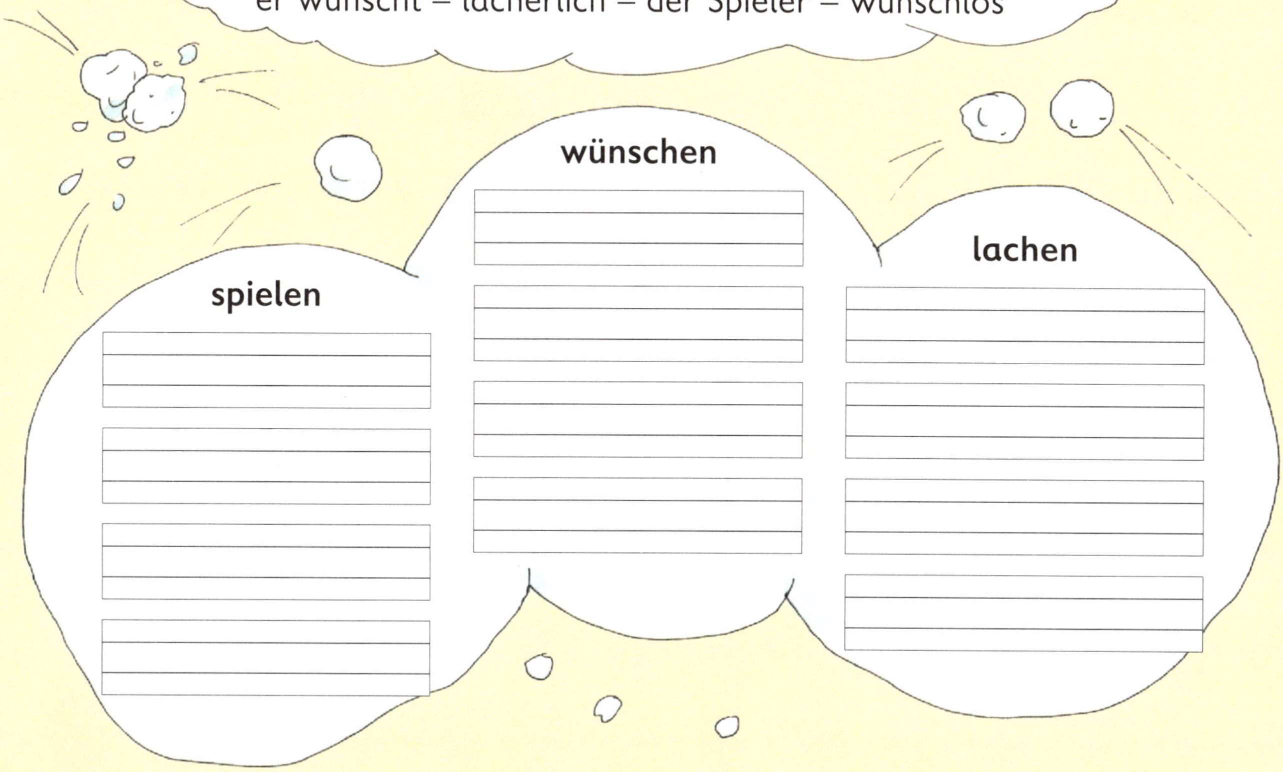

6 Selina schreibt ihrer Freundin Julia einen Brief aus dem Winterurlaub. Schreibe diesen Brief in der richtigen Form!

Im Frühling

Den Frühling mit allen Sinnen entdecken

1 Ergänze die Sprechblasen!

2 Setze treffende Eigenschaftswörter (Adjektive) ein!

kalt laut rot schnell warm süß saftig bunt leise klein

Peter fühlt den ______ Wind im Gesicht.

Ich höre die Amsel ______ zwitschern.

Susi sieht eine ______ Primel.

Die Erdbeeren schmecken ______.

★ Schreibe einen Reim zum Thema Frühling!

Wortbausteine

1 Bilde neue Wörter und schreibe sie auf!

~~hin~~		sehen		um
	zu			aus
	auf		an	
		blühen		ver

hinsehen,

2 Bilde neue Wörter mit **fangen** und setze sie richtig ein!

Max will den Ball ________.

Nina muss ihren Hund wieder ________.

Wer darf ________?

an

fangen

auf

ein

3 Bei dieser Spielanleitung müssen die Wortbausteine passend eingesetzt werden:

los | rennen

auf | setzen

weiter | geben

ab | setzen

herum | rennen

zurück | laufen

hin | setzen

Die ersten beiden Spieler setzen einen Hut ________. Nun rennen sie mit einem Ball um die Wendemarke ________. Sie laufen zum Start ________. Dort setzen sie den Hut ________. Nun geben sie Ball und Hut ________ und setzen sich ________. Die nächsten beiden Spieler rennen ________. Wenn alle Kinder gelaufen sind, ist das Spiel vorbei.

★ Wähle ein Tätigkeitswort (Verb) aus und finde passende Wortbausteine!

Wörter mit ng

1 Welche Wörter gehören zu einer Wortfamilie? Schreibe auf!

das Jungtier • ringförmig • langsam • der Ringfinger • ~~jung~~
die Langeweile • der Ring • der Junge • lang

jung

2 Bilde mit diesen Verben Aufforderungssätze! Achte auf den Satzanfang!

fangen • singen • springen • bringen

_____ den Ball

_____ mir das Sprungseil

_____ über den Bach

_____ ein Lied

3 Bilde mit diesen Wörtern je einen Aussagesatz, einen Fragesatz und einen Aufforderungssatz!

Schnecken noch langsam dauert es dich kriechen beeile lange

★ Finde so viele Wörter wie möglich zur Wortfamilie **springen**!

Lange und kurze Selbstlaute

1 Welcher Selbstlaut passt in alle Wörter einer Reihe? Setze ihn ein!

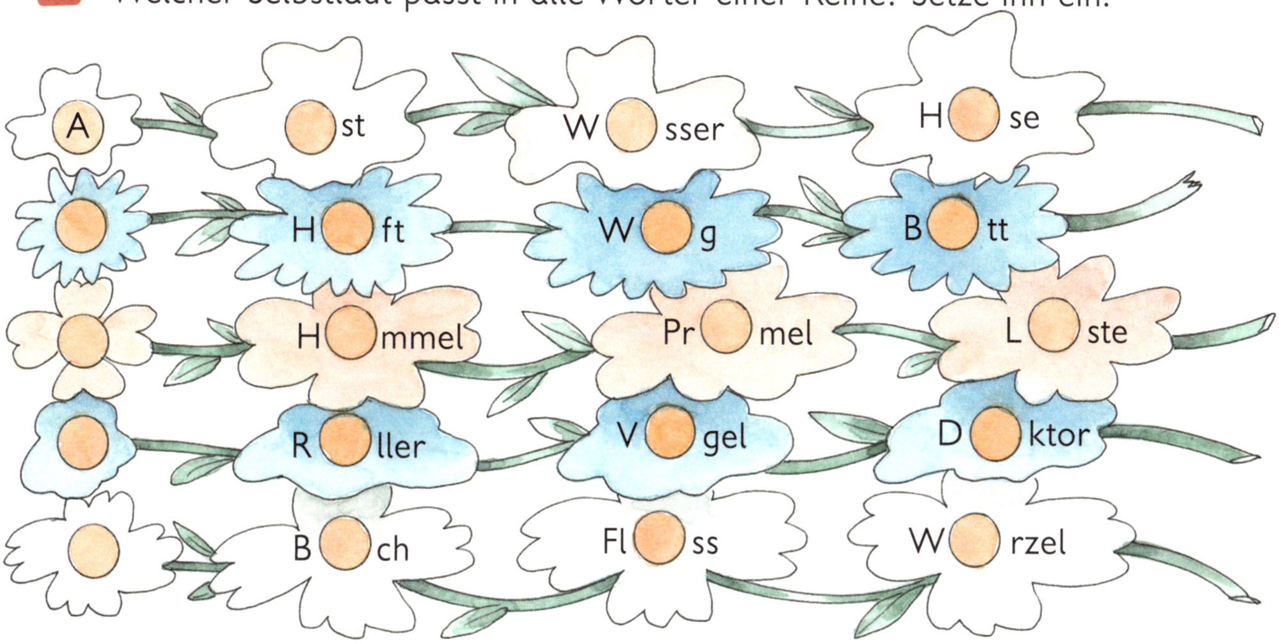

2 Sprich die Wörter deutlich.
Kennzeichne kurze (.) und lange (_) Selbstlaute!

3 Was folgt nach dem kurzen Selbstlaut? Ordne die Wörter!
Es sind immer fünf.

Doppelter Mitlaut:

Verschiedene Mitlaute:

4 Bilde lustige Sätze mit diesen Wortpaaren!
Markiere die Selbstlaute mit (_) oder (.)!

Löwen – löffeln   Affen – schlafen   Robben – toben   Esel – essen

★ Finde alle Wörter mit einem doppelten Mitlaut im Wörterbuch unter **M**!

Mit Tieren leben

Kennst du diese Tiere?

1 Finde den passenden Oberbegriff und schreibe ihn auf!

Forelle • Hering • Hai

Eule • Spatz • Adler

Hamster • Katze • Hund

2 Verbinde die Silben miteinander und schreibe die Tiere auf!

Gi	ko	chen
Schild	pa	fe
Meer	raf	te
Pa	schwein	dil
Kro	krö	gei

3 Schreibe auch solche Tier-Wörter oder Tier-Sätze:

Pony
Fohlen
Esel
Reiter
Dressur

Kaut Gras
und
hat ein Euter.

Klein
Anschmiegsam
Träge
Zutraulich
Elegant

★ Welches Tier wünschst du dir? Schreibe auf, warum!

Der Mäuserich

☐ Er brauchte nicht lange zu suchen.

☐ Eines Tages machte er sich auf den Weg, um eine solche Braut zu finden.

☐ Es war einmal ein Mäuserich, der wollte keine gewöhnliche graue Maus heiraten.

2 Nein, seine Frau sollte ein ganz besonderes Wesen sein.

1 Bringe die Sätze des Märchens in die richtige Reihenfolge! Nummeriere sie von 1 bis 4 und lies vor!

Abc **2** Wie könnte es weitergehen? Schreibe das Märchen zu Ende!

★ Male ein Bild zu deiner Geschichte!

Wörter mit tz

1 Hier fehlen die Punkte. Trenne die Sätze durch Striche! Schreibe dann jeden Satz in eine neue Zeile!

Katze Tinka ist mein Schatz sie hat vier weiße Tatzen oft putzt sie ihr Fell manchmal kratzt sie am liebsten mag sie ihren Platz am Fenster

2 Kreise in allen Wörtern **tz** ein und markiere den kurzen Selbstlaut!

3 Ordne nun die Wörter mit **tz** so:

Namenwörter (Substantive):

Tätigkeitswörter (Verben):

4 Finde Reimwörter und schreibe sie richtig untereinander!

schn   tzen   kr   tzen   h   tzen   schm   tzen   bl   tzen   p   tzen

flitzen	**platzen**	**setzen**

★ Schreibe mit Reimwörtern einen lustigen Satz!

Wörter mit doppeltem Mitlaut

1 So können Tiere sein. Ergänze **ll**, **pp**, **ss** oder **ff** und setze ein!

stru ▭ ig bi ▭ ig a ▭ ig za ▭ elig dro ▭ ig mo ▭ ig

ein Hund, eine Katze

ein Kater, ein Mäuschen

2 Ergänze **ss**, **ff**, **tt**, **rr** oder **pp**!

Fütterung im Zoo

Das Pferd fri ▭ t Hafer ▭

Fre ▭ en A ▭ en Bananen ▭

Vorsicht, bi ▭ iger Hund ▭

Das Krokodil schna ▭ t nach dem Fu ▭ er ▭

Wann schnu ▭ t die Wildkatze ▭

Bi ▭ e nicht fü ▭ ern ▭

3 Ergänze in Aufgabe 2 die Satzzeichen!

4 Wie heißen diese Tiere richtig? Schreibe sie mit Artikel auf!

★ Erfinde lustige Tiernamen wie in Übung 4!

Bei uns und anderswo

Frankreich – Deutschlands Nachbarland

Frankreich gehört zu Europa. Die Hauptstadt von Frankreich heißt Paris und ist berühmt für ihre Sehenswürdigkeiten. Jeden Tag kommen Besucher aus der ganzen Welt zum Wahrzeichen der Stadt, dem Eiffelturm. Frankreichs Flagge, die Trikolore, hat drei Streifen: blau (links), weiß (Mitte), rot (rechts).

1 Beantworte die Fragen! Markiere die Antwort zuerst im Text!

Wie heißt die Hauptstadt von Frankreich? ______________

Wie heißt Frankreichs Flagge? ______________

Die Flagge:

2 Schreibe die Fragesätze richtig auf:

kommen • Woher • Besucher • die • ?

Woher ______________

welchen • Aus • Farben • die • besteht • Flagge • ?

____

nennt • Wie • die • Flagge • noch • man • ?

____

3 Lies den Text oben! Stelle passende Fragen zu den Antworten:

Frage:	Antwort:
______________	der Eiffelturm
______________	Paris
Wozu ______________	zu Europa

★ Was weißt du noch über Frankreich? Schreibe es auf!

SF S. 90/91

Ein Marsmännchen besucht die Erde

1 Erkläre dem Marsmännchen diese Dinge:

ein Haus → Darin kannst du wohnen .

ein Apfel → Den kannst du ______ .

ein Bett → Darin ______ .

ein Stuhl → ______ .

2 Was meint das Marsmännchen? Verbinde:

Bericht von der Erde

Auf der Erde gibt es große Kästen mit vielen kleinen Menschen darin.	die Buntstifte
Diese kleinen Menschen sitzen auf Gestellen aus Holz.	die Tafel
Sie halten dünne Stöcke in der Hand, aus denen Farbe kommt.	die Schule
An der Wand hängt ein grünes Brett.	die Stühle

3 Erkläre dem Marsmännchen einige dieser Wörter:

Fernseher | Brille | Fahrrad | Fußballspiel

______

______

______

★ Die Mars-Kinder spielen gern mit Xamwadschis. Was könnte das sein?

Eierkuchen backen

1 Schreibe eine Anleitung! Die Bilder und Wortgruppen helfen dir dabei.

mixen • erhitzen • wenden
Teig in die Pfanne geben

als Erstes • zuerst • dann • danach • nun
anschließend • zum Schluss • zuletzt

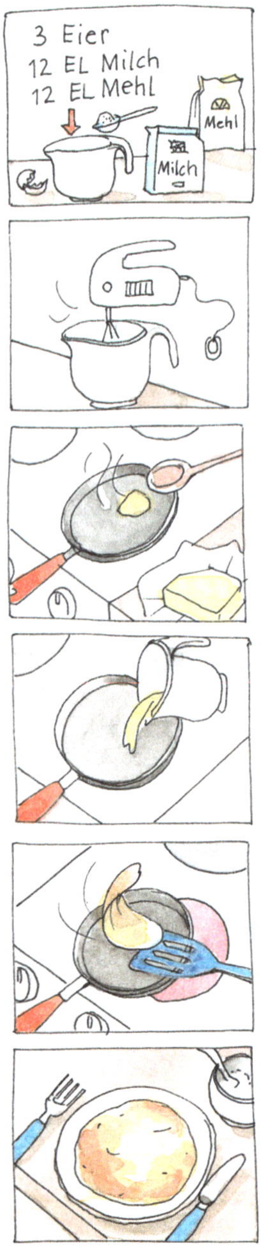

Das brauche ich:

Das muss ich tun: Zuerst gebe ich

2 Unterstreiche die Tätigkeitswörter (Verben) rot!

☆ Denke dir ein Rezept der Marsmännchen aus! Schreibe es auf!
Zutaten könnten sein: Planetenpulver, Mondeier, Sonnenstaubzucker, Kratermehl …

Wörter mit s

Das Wort ERLAUBNIS hat 9 Buchstaben: E R L A U B N I S
1 2 3 4 5 6 7 8 9

1 Entschlüssele die Geheimschrift und schreibe die Wörter auf!

7 4 9 1 ______ 1 8 9 ______

2 1 8 9 1 ______ 2 1 8 9 ______

6 5 9 ______ 9 4 5 6 1 2 ______

2 Schreibe auf, was diese Zeichen bedeuten!

3 Denke dir solche Zeichen für die Schule aus!

Tafeldienst

Leise sein!

Nicht schubsen!

★ Das Wort APFELSINE hat 9 Buchstaben. Bilde aus diesen neue Wörter!
Napf, Insel, …

In der Bibliothek

Wir lesen Bücher

1 Setze die Silben zusammen und schreibe die Wörter auf!

~~Mär~~	Co	Kri	Ge	Rät
dicht	mi	~~chen~~	sel	mic

das Märchen

2 Schreibe die Lese-Wörter auf!

die Ratte

das Buch

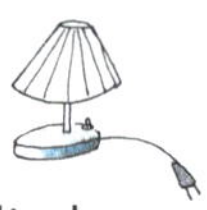
die Lampe

die Brille

der Sessel

3 Trage das Tätigkeitswort (Verb) in der richtigen Form ein!

☐ Er ______ einen Leserausweis. — bekommen

☐ In vier Wochen ______ er sie wieder ______. — abgeben

☐ Jonas ______ sich in der Bücherei neu ______. — anmelden

☐ Jonas ______ aus dem Regal zwei Bücher ______. — auswählen

☐ Diese zwei Bücher ______ Jonas ______. — ausleihen

4 Was tut Jonas in der Bibliothek? Bringe die Sätze von Aufgabe 3 in die richtige Reihenfolge! Schreibe die Zahlen 1 bis 5 in die Kästchen!

★ Schreibe auf, was du dir schon mal aus der Bibliothek ausgeliehen hast!

Lesen macht Spaß

1 Bilde mit den Bausteinen Tätigkeitswörter (Verben), die du kennst!

vor   weg   lesen   mit   ver   durch

2 Setze die Tätigkeitswörter (Verben) aus Aufgabe 1 nun sinnvoll ein!

Felix sitzt auf dem Lesethron und möchte gern ______.

Alle dürfen leise ______. Anton ist als Nächster dran.

Er ist ganz aufgeregt und möchte sich nicht ______.

Lisa will das Buch bis nächste Woche ______.

3 Lies das Programm der Kinderbibliothek und kreuze an, was stimmt!

Montag	Dienstag	Mittwoch	Donnerstag	Freitag
Vorlese-stunde für die Allerkleinsten (2–4 Jahre)	Bilderbuch-kino (5–8 Jahre)	Märchen hören und basteln (7–9 Jahre)	Felix Groß liest aus seinem neuen Buch (8–11 Jahre)	Rallye durch die Bücherei (8–11 Jahre)

☐ Die Allerkleinsten können das Bilderbuchkino besuchen.
☐ Am Mittwoch liest ein Autor aus seinem neuen Buch vor.
☐ Für Neunjährige gibt es an drei Tagen Angebote.
☐ An einem Tag wird die Bibliothek vorgestellt.

☆ Das Wort Bücherei endet auf **-ei**.
Kennst du noch mehr solche Namenwörter (Substantive)?
Bäckerei, Datei, …

Bist du fit?

Die Kinderbücherei wird neu eröffnet

Burgstadt. – Weiße Räume, längere Öffnungszeiten und mehr Platz gibt es nun für Burgstadts jüngste Leser. Nun macht es noch mehr Spaß, sich viele verschiedene Medien wie Bücher, Zeitschriften, Spiele oder CDs auszusuchen.

Die neue Kinderbücherei befindet sich in der Bach-Straße in der Nähe des Kindergartens.

Die feierliche Eröffnung findet am 19. Mai statt. Alle Grundschüler erhalten Tee und süße Waffeln.

Die Bibliothek hat montags bis freitags von 11 bis 19 Uhr und samstags von 11 bis 16 Uhr geöffnet.

1 Beantworte die Fragen!

Welche Farbe haben die Räume der Bücherei?

Was erhalten alle Grundschüler zur Eröffnung?

Kannst du dir dienstags um 9 Uhr Bücher ausleihen?

2 Stelle passende Fragen zu den Antworten!

Frage:	Antwort:
	in der Bach-Straße
	Bücher, Zeitschriften
	am 19. Mai

3 Setze ein Wort mit einem Bild zu einem neuen Wort zusammen!

Stups Latz Blumen Tee Garten Reise Stiel

Stupsnase,

4 Schreibe auf, wie du eine Stabpuppe bastelst!

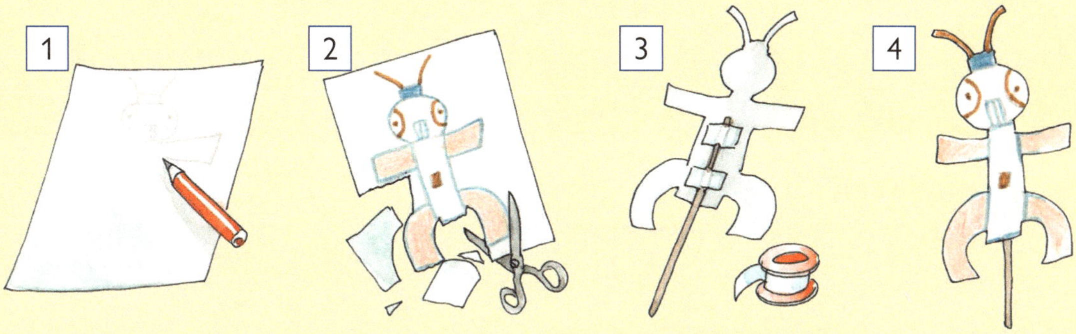

Verwende diese Wörter: Kleber, Schere, Blatt Papier, malen, ausschneiden, kleben, Stab

So gehe ich vor:

Unheimliches und Spannendes

Eine spannende Geschichte

1 Betrachte die Bildgeschichte. Ordne die Sätze den Bildern zu!

☐ Alle bauen fleißig.

☐ Nun ist das Baumhaus fertig.

☐ Paul wünscht sich ein Baumhaus.

2 Schreibe auf, was weiter passiert!

3 Finde eine Überschrift für deine Geschichte und trage sie oben ein!

★ Gestalte selbst eine kleine Bildgeschichte!

Wörter mit eu und ei

1 Bilde Reimwörter!

Eule	neu	Feuer	Leute
K	H	S	h
B	sch	Ungeh	B

2 Ordne die Wörter richtig und schreibe die Sätze!

freuen • Leute • auf • sich • das Wochenende • ~~viele~~ • .

Viele

weg • Feuer • ~~geh~~ • vom • !

Geh

kaufen • ein • neues • heute • wir • Sofa • .

das • teuer • zu • ~~ist~~ • nicht • ?

Ist

3 Schreibe fünf Zahlen mit **ei** oder **eu** auf!

4 Entschlüssle die Geheimschrift des Speiseplans!

Koch H ner schr bt s nen
Sp seplan für nen F ertag:

Gemüse- ntopf
Schw nefl sch mit R s
und W ßkraut
s mit h ßen Himbeeren

★ Denke dir eigene Geheimschriften aus!

Wörter mit aa, ee, oo

1 Setze **aa**, **ee**, **oo** ein und schreibe die Namenwörter (Substantive) auf!

H … r, W … ge, P … r (aa)
S … r, B … re, M …
B … s, Z …, M … t

das Haar,

2 Löse das Rätsel!

waagerecht:

1 grüner Pflanzenteppich im Wald
2 Märchenwesen, das Wünsche erfüllt
3 wachsen auf dem Kopf
4 rote Frucht, die am Boden wächst
5 dort kann man Tiere ansehen

senkrecht:

1 großes Gewässer
2 fällt im Winter
3 Gerät zum Wiegen
4 Gegenteil von „voll"
5 kleines Schiff
6 Einfall

Wer kann in einer Minute die meisten Wörter mit **aa**, **ee** oder **oo** aufschreiben?

Wörter mit ie

1 Welche Tätigkeitswörter (Verben) stecken in den Bildern? Schreibe auf!

 ______  ______  ______

 ______  ______  ______

2 Schreibe alle Tätigkeitswörter (Verben) aus Aufgabe 1 in der richtigen gebeugten Form (Personalform) auf und unterstreiche die Endung!

alle Kinder	**ich**	**du**	**Jonas**
schieben		*schiebst*	
	wiege		*wiegst*

3 Ordne diese Wörter nach dem Abc!

Wiese • Lied • Spiel • Zwiebel
sieben • Riese • Papier • Ziege

★ Finde Tätigkeitswörter (Verben) mit **-ieren**!
gratulieren, …

Im Sommer

Meine Urlaubspost

1 Nummeriere die richtige Reihenfolge und schreibe die Karte neu auf!

☐ Viele Grüße von Tanja	☐ Kastanienstr. 12
☐ wir haben ein Piratenfest gefeiert. Ich habe mich als Kapitän verkleidet. Alle haben gelacht.	☐ Rieke Lehmann
☐ Liebe Rieke,	☐ 34567 Tälerdorf

2 In welcher Reihenfolge stehen diese Namen im Telefonbuch?

☐ Lehmann, Tina	☐ Lehmann, Robert	☐ Lehmann, Daniel
☐ Lehmann, Xenia	☐ Lehmann, Christoph	☐ Lehmann, Benjamin
	☐ Lehmann, Janine	1 Lehmann, Anna
	☐ Lehmann, Susan	☐ Meier, Sebastian

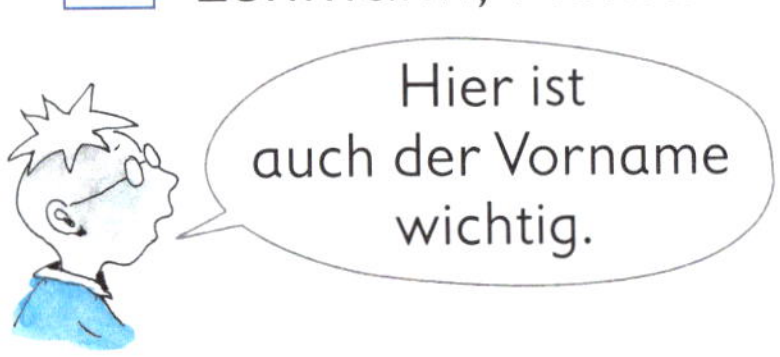

★ Gibt es in deinem Wohnort Menschen mit demselben Nachnamen, den du hast? Schau im Telefonbuch nach!

SF S. 118

Ähnliche Wörter

1 Finde neun passende Wörter zu **sprechen** und schreibe sie auf!
Du kannst waagerecht und senkrecht suchen.

V	B	E	R	I	C	H	T	E	N	Ü	I	Q	K	P
T	N	Y	E	R	Z	Ä	H	L	E	N	Y	W	O	T
S	P	W	D	S	C	H	R	E	I	E	N	A	P	K
D	F	O	E	A	S	M	U	R	M	E	L	N	T	B
X	C	H	N	G	Ö	S	F	L	Ü	S	T	E	R	N
M	I	T	T	E	I	L	E	N	V	I	O	R	U	Z
Z	U	P	Ä	N	X	G	N	J	D	G	H	Q	V	Y

2 Setze ein treffendes Tätigkeitswort (Verb) für **sprechen** ein!

Opa ________ mir gern Märchen. Der Journalist ________ über einen Unfall. Paul ________ Tina ein Geheimnis ins Ohr. „Kommt alle her!", ________ Mama im Garten. Peter ________ „Hallo" zu Marie.

3 Finde ähnliche Tätigkeitswörter (Verben)!

waschen	kichern	schreiben	essen
putzen			
säubern			

★ Wie kann man **schummeln** anders sagen?
Wer findet die meisten Wörter?

Wörter mit hl, hm, hn, hr

1 Setze die richtige Form von **nehmen** ein!

Ich ______________ ein Paket an.

______________ ihr den Hund mit?

Alle Kinder ______________ an dem Wandertag teil.

2 Ergänze die Tabelle!

Namenwort (Substantiv)	Tätigkeitswort (Verb)	Eigenschaftswort (Adjektiv)
der Fehler		los
	fahren	ge lich
		wohnlich
die Zahl		reich

3 Bilde zusammengesetzte Namenwörter (Substantive)!

Milch Arzt
Zahn
? Bürste

Sand Zeiger
Uhr
? Zeit

Seil Hof
Bahn
Auto ?

★ Wer findet das längste zusammengesetzte Wort mit dem Wortstamm **fahr**?

SF S. 122

Wochentage, Monate und Jahreszeiten

1 Welches Wort passt nicht? Streiche es durch!

Wochentage: Montag – Freitag – März – Mittwoch – Sonntag

Monate: April – September – Dezember – Mai – Winter

Jahreszeiten: Frühling – Sonnabend – Sommer – Winter – Herbst

2 Bringe die übrigen Wörter in die richtige Abfolge!

3 Fülle aus!

1 der 1. Monat des Jahres
2 ein anderes Wort für Sonnabend
3 der Tag vor Donnerstag
4 der kürzeste Monat im Jahr

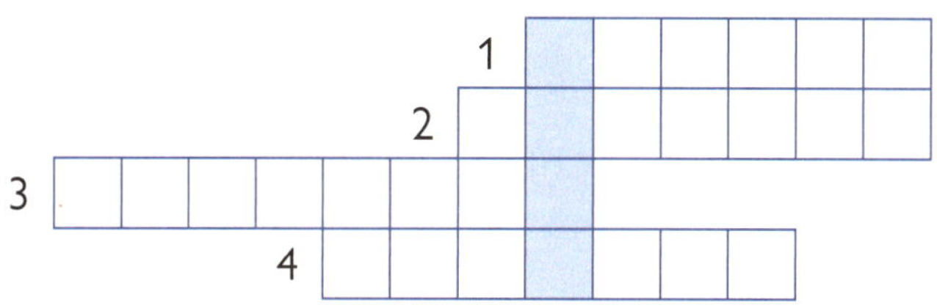

Lösungswort:

4 Schreibe die Monatsnamen auf, die auf **r** enden!

5 Setze die beiden Wörter ein!

Mein Lieblingsfach ______ habe ich am ______.

★ Erkunde, wie viele Kinder deiner Klasse im selben Monat Geburtstag haben wie du!

Bist du fit?

Unser Schuljahr

Im ______ hatten wir lange Ferien, und bald begann wieder die Schule. Schnell war es ______ und es wurde kalt. Ende ______ hat es geschneit und ein neues ______ hat begonnen. Im ______ haben wir einen Indianerfasching gefeiert. Zu unserem Wandertag im ______ hat uns ein Jäger durch das Naturschutzgebiet geführt. Nur noch wenige Tage, dann beginnen die ______.

1 Setze die fehlenden Wörter ein!

Dezember • Februar • April   Herbst • Sommer   Ferien • Jahr

2 Setze **i** und **ie** richtig ein!

V le K nder sp len m Park.

m K no w rd ein toller F lm gesp lt.

3 Finde zwei weitere Tätigkeitswörter (Verben), die dazupassen!

sprechen ______

naschen ______

beobachten ______

4 Bringe die drei vertauschten Anschriften in die richtige Reihenfolge, sodass die Post auch richtig ankommt!

Tigerente	Hexenallee 17	88888 Taka Tuka
12543 Knusperhausen	Pippi Langstrumpf	Entenweg 38
Villa-Kunterbunt-Weg 5	30129 Panama	Hänsel und Gretel

5 Schreibe eine Geschichte zu den Bildern!

Schreibübungen

Wir üben Buchstaben in Schreibschrift

1 Welche Buchstaben kannst du schon schreiben?
Übertrage sie in Schreibschrift!

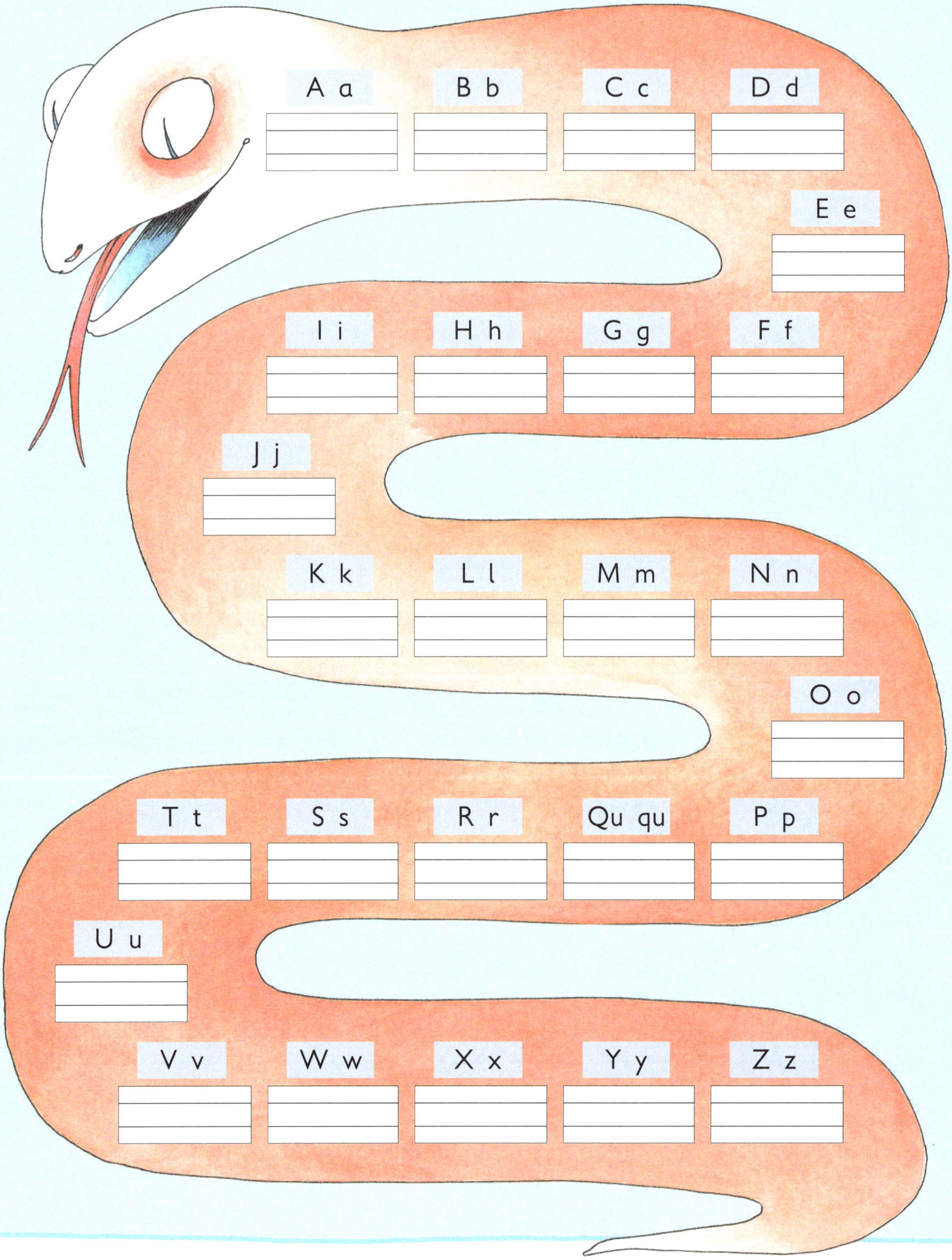

Wir üben Buchstabenverbindungen

1 Schreibe sauber und achte auf die Verbindung!

Ei Ga Ki Li Ma Ru Ze Ja

Lama Jaguar Maus

2 Wie heißen die Tiere? Schreibe sie in einem Zug auf!

SANG • UUH • ELUE

3 Setze jeweils den zweiten Buchstaben genau auf der Grundlinie an!

So Ti Na Bi Va Do

4 Schreibe in Schreibschrift: Sonne, Nadel, Vase, Tinte, Bild, Dose!

Wir üben Buchstabenverbindungen

1 Achte beim Schreiben genau auf die Verbindung!

Af Al Af Al

La Le

Fe Fl

Ge Ga

He Hu

Ju Ja

2 Schreibe Wörter aus dem Wörterbuch ab, die so beginnen:

Au

Fl

Ho

3 Übe sorgfältig!

Qu qu ß

4 Schreibe die Wörter der Wörterschlangen!

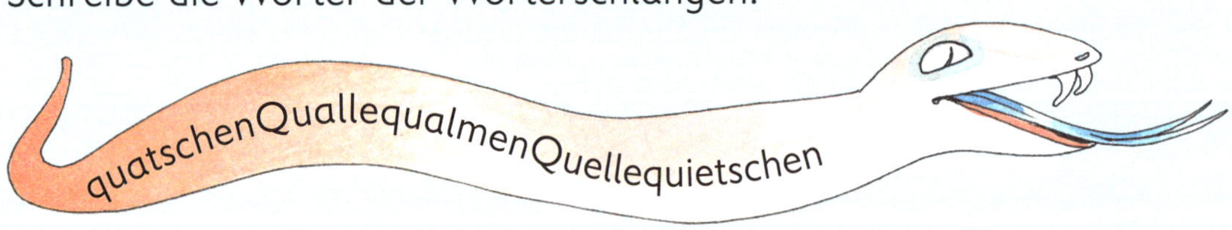

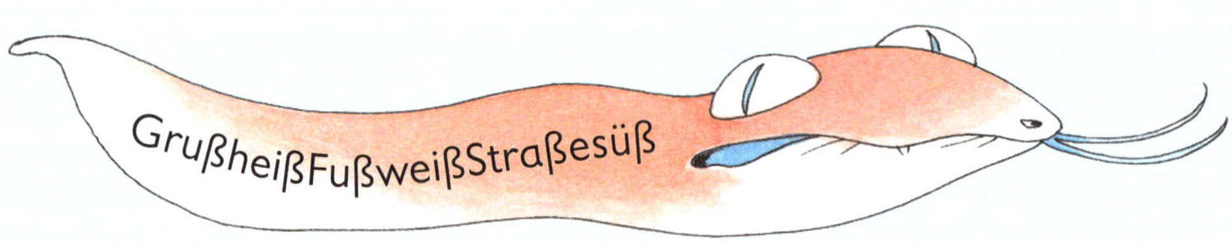

Wie heißt du? Ich

Wir üben Buchstabenverbindungen

1 Schreibe die ähnlichen Buchstaben!

u v w u v w

uh | vo | wi

ruhen rufen voll vom wie wieder

2 Schreibe die ähnlichen Buchstaben!

e l f

el | lf | ef

Löffel Hilfe Heft

3 Übe die Buchstabenverbindungen!

ra rn | os ot

bl br | ta ti

gr gi | we wi

4 Schreibe diese Wörter: rascheln, blühen, grüßen, losen, tippen, wischen!

Wir üben Buchstaben in Schreibschrift

1 Schreibe sorgfältig!

X x ex ax

Hexe Taxi

Y y Yacht

Baby Teddy

Z z rz tz

Salz Zoo

2 Diese gedruckten Buchstaben sehen sich sehr ähnlich: p d b

p p d d b b

Teddybär abputzen

3 Ergänze die Buchstaben im Spruch!

A / / / – wenn ich zur Schule geh,

E / / / – sind alle Kinder da.

J / / / – wir schreiben schon ganz schnell,

M / / / – das tut auch keinem weh.

Qu / / / – manchmal trinke ich Tee,

U / / / – sonst lern ich nix.

Y / – heute war es wieder nett.

Wir halten Schreibräume ein

1 Schreibe die Wörter ab!
Achtung: Der Platz muss reichen.

Kreide *Tafel* *Schwamm* *Lappen* *Bank*

Lineal *Heft* *Buch* *Füller* *Spitzer*

2 Unterstreiche alle Gegenstände, die auch in deiner Federmappe sind!

3 Schreibe nun die Sätze ab!

Der Füller steckt in der Federmappe.

Die Bücher liegen unter der Bank.

Ich wische die Tafel mit dem Schwamm ab.

Hast du ein Lineal?

Wir schreiben ein Gedicht in Schreibschrift

Die Schaukel
Wie schön sich zu wiegen,
die Luft zu durchfliegen
am blühenden Baum!
Bald vorwärts nach oben,
bald rückwärts gehoben,
es ist wie im Traum!

Heinrich Seidel

1 Schreibe das Gedicht in Schreibschrift ab! Überlege vorher genau, wie du es anordnest!

2 Gestalte die Seite passend!

Wir legen eine Tabelle an

Wörter mit B	Wörter mit F	← Tabellenkopf
→ Zeile	↓ Spalte	

1 Zeichne eine Tabelle mit zwei gleich großen (6 cm) Spalten! Du brauchst acht Zeilen.

2 Ergänze den Tabellenkopf: Wörter mit **B**/Wörter mit **F**!

der Ball, der Februar, das Bett, das Fleisch, die Blume, der Brief, die Faxen, der Fuß, die Flasche, der Fisch, der Buchstabe, die Ferien, das Baby, der Boxer

3 Sortiere die Wörter mit B und F richtig in die Tabelle ein!

4 Markiere den großen Anfangsbuchstaben!

Sprachfreunde 2

Arbeitsheft
Ausgabe Süd

Erarbeitet von
Susanne Kelch, Andrea Knöfler, Heike Schindler, Heike Wessel
und der Redaktion Primarstufe

Unter Einbeziehung der Ausgabe von
Christine Szelenko, Heike Wessel, Tilly Schmidt, Helen Fürniß, Heidemarie Dammenhayn

unter Beratung von
Simone Adler (Pirna), Christiane Blume (Torgelow), Dagmar Diewald (Altenburg), Colette Hoffmann (Magdeburg), Katrin Junghänel (Zwickau), Heike Keitel (Wittenberg), Sigrun Nowak (Hohen Neuendorf), Gerhild Schenk (Werneuchen)

Redaktion: Ute Kister
Illustration: Barbara Schumann, Uta Bettzieche (Hund und Detektiv)
Umschlaggestaltung: tritopp Berlin; Uta Bettzieche, Barbara Schumann
Layout und technische Umsetzung: tritopp, Berlin

Quellen
S. 18: Brüder Grimm: Kinder- und Hausmärchen. München: Winkler Verlag 1956
S. 70: Seidel, Heinrich: Die Schaukel (gekürzt). Aus: Aus Ernst Bühler/Margit Lobeck (Hrsg.): Wie schön, sich zu wiegen. Stuttgart: Freies Geistesleben 1992

Die Lernstandserhebungen finden Sie unter
www.cornelsen.de
als Download beim Arbeitsheft.

www.vwv.de

Druck: Firmengruppe APPL, aprinta Druck, Wemding

1. Auflage, 11. Druck 2016 | 1. Auflage, 7. Druck 2014

Arbeitsheft
ISBN 978-3-06-080968-4

Arbeitsheft + CD-ROM
ISBN 978-3-06-080971-4

PEFC zertifiziert
Dieses Produkt stammt aus nachhaltig bewirtschafteten Wäldern und kontrollierten Quellen.
www.pefc.de